VENTE

Du Mercredi 3 Avril 1901

HOTEL DROUOT, SALLE N° 7

à deux heures

Première Vente

TABLEAUX

ANCIENS ET MODERNES

Dessins, Aquarelles

DÉPENDANT DE LA COLLECTION

de M. le Général P... G...

Mᵉ BOUDIN, commissaire-priseur

M. H. PILLET, expert

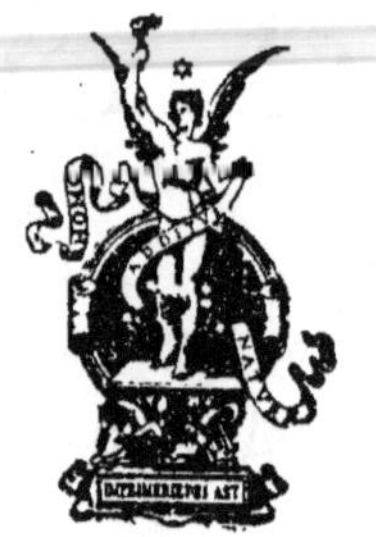

CATALOGUE

DES

TABLEAUX

ANCIENS ET MODERNES

Aquarelles, Dessins, Miniatures

DÉPENDANT DE LA COLLECTION

de M. le Général P...

Dont la vente aura lieu

HOTEL DROUOT SALLE N° 7

Le Mercredi 3 Avril 1901

A DEUX HEURES

COMMISSAIRE-PRISEUR	EXPERT
M° BOUDIN	**M. HENRI PILLET**
102, rue Richelieu	47, rue de la Victoire

Chez lesquels se trouve le Catalogue

EXPOSITION PUBLIQUE

Le Mardi 2 Avril 1901, de 1 h. 1/2 à 5 h. 1/2

CONDITIONS DE LA VENTE

Elle se fera au comptant.

Les acquéreurs paieront *dix pour cent* en sus des prix d'adjudication.

Paris. — Imp. de l'Art, E. Moreau et Cie, 41, r. de la Victoire.

DÉSIGNATION

TABLEAUX
AQUARELLES, DESSINS

1 — ARSON (Catherine). Bonaparte et Joséphine dans le parc de la Malmaison.
Tableau brodé en soie à l'aiguille en 1808.

2 — BERTRAND. Portrait du duc de Berry en lieutenant général.
Toile. Haut., 63 cent.; larg., 53 cent.

3 — BLOMAERT. La Nativité. Panneau.
Haut., 68 cent.; larg., 57 cent.

4 — BOILLY (Attribué à). Fumeurs et Priseurs.

5 — BOUCHER (D'après). Les Petits Taquins.
Toile. Haut., 74 cent.; larg., 60 cent.

6 — BOUCHER (École de). Les Sabots. (Scène champêtre.)
Toile. Haut., 93 cent.; larg., 79 cent.

7 — CAUVIN (Edmond). Paysage, environs de Toulon, le Mont Condom. Aquarelle.

Haut., 29 cent.; larg., 35 cent.

8 — CAUVIN (Edmond). Marine : Pêcheurs retirant leurs filets. Aquarelle.

9 — CHARDIN (École de). Enfant défendant un oiseau des attaques d'un chat.

Toile. Haut., 62 cent.; larg., 52 cent.

10 — CHARLET. Portrait de Potier l'acteur. Gravure.

11 — COURDOUAN (Vincent). Paysage. Bords du Nil. Aquarelle.

Haut., 31 cent.; larg., 49 cent.

12 — COURDOUAN (Vincent). Paysage. Bords du Nil. Aquarelle.

Haut., 31 cent.; larg., 49 cent.

13 — COURTOIS (Dit le Bourguignon). Combat de cavalerie.

Toile. Haut., 44 cent.; larg., 50 cent.

14 — COURTOIS (Dit le Bourguignon). Cavaliers.

Toile. Haut., 46 cent.; larg., 36 cent.

15 — DELPINO. Marine : Lever de soleil dans le golfe de Naples. Aquarelle.

Haut., 40 cent.; larg., 58 cent.

16 — DELPINO. Marine : Coucher de soleil. Aquarelle.

Haut., 40 cent.; larg., 58 cent.

17 — DELPINO. Paysage aux environs de Toulon. Aquarelle.

18 — DELPINO. Paysage dans la campagne de Toulon. Aquarelle.

19 — DELPINO. Paysage maritime dans les environs de Toulon. Aquarelle.

. 20 — DELPINO. Paysage maritime près Toulon. Aquarelle.

21 — DESPORTES (École de). Gibiers morts.

Cuivre. Haut., 22 cent.; larg., 17 cent.

22 — DROUAIS (Attribué à). Jeune Fille jouant avec un chat. Pastel.

23 — ARMAND DUMARESQ. Bersagliari. Dessin aquarellé.

24 — VAN DYCK (D'après). Le Crucifiement. Aquarelle. Cadre bois sculpté et doré.

25 — VAN DYCK (D'après). Le Crucifiement. Toile.

Haut., 1 m. 16 cent.; larg., 86 cent.

25 — Van Dyck (D'après). Descente de croix. Dessin.

27 — École anglaise. La Piscine d'Helbron. Cadre bois sculpté et doré.

Panneau. Haut., 3o cent.; larg., 4o cent.

28 — École allemande. Portrait d'homme. Sur la droite, près de l'épaule, le monogramme AD.

Panneau. Haut., 5o cent.; larg., 4i cent.

29 — École flamande, Vases de fleurs. Deux pendants.

Toiles ovales. Haut., 77 cent.; larg., 58 cent.

3o — École flamande. Buveur.

Panneau. Haut., 25 cent.; larg., 2o cent.

3i — École flamande. Maréchal de Boufflers.

Grisaille. Haut., 45 cent.; larg., 3o cent.

32 — École flamande. Danse champêtre.

Panneau. Haut., 19 cent.; larg., 3i cent.

33 — École flamande. Sainte en prière.

Panneau. Haut., 42 cent., larg., 35 cent.

34 — École flamande. Portrait de Rubens (copie).

Toile. Haut., 38 cent.; larg., 27 cent.

35 — ÉCOLE FLAMANDE. Vierge et Enfant.
Panneau. Haut., 43 cent.; larg., 37 cent.

36 — ÉCOLE FRANÇAISE. Portrait de Christine de
Hesse. Toile ovale.
Haut., 56 cent.; larg., 46 cent.

37 — ÉCOLE FRANÇAISE. Portrait de Christine de
de Hesse.
Toile. Haut., 59 cent.; larg., 45 cent.

38 — ÉCOLE FRANÇAISE MODERNE. Conducteur de
bœufs dans la campagne de Rome. Dessin
gouaché.

39 — ÉCOLE FRANÇAISE. Portrait de grande dame,
jouant de l'orgue.
Toile. Haut., 98 cent.; larg., 78 cent.

40 — ÉCOLE FRANÇAISE. Chiens de chasse en
arrêt.
Toile. Haut., 44 cent.; larg., 60 cent.

41 — ÉCOLE FRANÇAISE. Scène galante. Dessus de
porte.
Haut., 40 cent.; larg., 1 mètre.

42 — ÉCOLE FRANÇAISE. Portrait de femme.
Ovale. Haut., 72 cent.; larg., 58 cent.

43 — ÉCOLE FRANÇAISE. Portrait du grand Dauphin.

Oval. Haut., 71 cent.; larg., 58 cent.

44 — ÉCOLE FRANÇAISE. Scène amoureuse.

Toile. Haut., 40 cent.; larg., 61 cent.

45 — ÉCOLE FRANÇAISE. Portrait d'une jeune femme couronnée et portant à la main la palme du martyre.

Toile. Haut., 80 cent.; larg., 65 cent.

46 — ÉCOLE HOLLANDAISE. Sainte Cécile.

Panneau. Haut., 23 cent.; larg., 18 cent.

47 — ÉCOLE HOLLANDAISE. Scène champêtre.

Panneau. Haut., 21 cent.; larg., 31 cent.

48 — ÉCOLE HOLLANDAISE. Scène champêtre.

Panneau. Haut., 21 cent.; larg., 31 cent.

49 — ÉCOLE HOLLANDAISE. Patineurs.

Toile. Haut., 68 cent.; larg., 82 cent.

50 — ÉCOLE HOLLATDAISE. Portrait de femme.

Panneau. Haut., 22 cent.; larg., 17 cent.

51 — ÉCOLE ITALIENNE. La Vendange.

Toile. Haut., 93 cent.; larg., 1 m. 20 cent.

52 — ÉCOLE ITALIENNE. Portrait d'un Docteur.
Toile. Haut., 1 m. 16 cent.; larg., 96 cent.

53 — ÉCOLE ITALIENNE. Lapidation de saint Laurent.
Toile. Haut., 95 cent.; larg., 80 cent.

54 — ÉCOLE ITALIENNE. Vierge et Enfant. Panneau ovale.

55 — ÉCOLE ITALIENNE. Le Saint-Sacrement supporté par des anges et entouré d'une guirlande de fleurs. Signé : *Casisso*.
Cuivre. Haut., 40 cent.; larg., 29 cent.

56 — ÉCOLE ITALIENNE. Sacrifice à Minerve. Cadre, bois sculpté et doré.
Cuivre. Haut., 48 cent.; larg., 38 cent.

57 — ÉCOLE ITALIENNE. L'Aurore versant la lumière et des fleurs sur la terre. Toile.
Haut., 1 m. 66 cent.; larg., 1 m. 53 cent.

58 — ÉCOLE ITALIENNE. Les Pèlerins d'Émaüs.
Toile. Haut., 68 cent.; larg., 89 cent.

59 — ÉCOLE ITALIENNE. L'Été; la tonte des moutons et la fabrication du beurre.
Toile. Haut., 95 cent.; larg., 1 m. 25 cent.

60 — ÉCOLE ITALIENNE. La Vierge au silence.

Toile. Haut., 45 cent.; larg., 65 cent.

61 — ÉCOLE MODERNE. Portrait de Bertholet, le
chimiste.

Toile. Haut., 26 cent.; larg., 20 cent.

62 — ÉCOLE MODERNE. Portrait de Bertholet fils.

Toile. Haut., 25 cent.; larg., 20 cent.

63 — ÉCOLE MODERNE. Pierrot et Colombine.

Toile ronde. Diam., 38 cent.

64 — ÉCOLE VÉNITIENNE. Apollon et Daphné.
Toile.

Haut., 1 m. 95 cent.; larg., 1 m. 63 cent.

65 — ÉCOLE VÉNITIENNE. Projet de plafond.

66 — ÉCOLE VÉNITIENNE. Portrait d'un Cardinal.
Cadre, bois sculpté.

Toile. Haut., 38 cent.; larg., 27 cent.

67 — ÉCOLE VÉNITIENNE. Mercure donne à Apollon la Lyre en échange du Caducée. Toile.

Haut., 1 m. 72 cent.; larg., 1 m. 52 cent.

68 — FRAGONARD (Attribué à). Satyre lutiné par
des amours. Dessin à la sanguine.

69 — GARRIDO. Marine. Aquarelle.

70 — GARRIDO. Chaumière en ruine, près d'un cours d'eau. Aquarelle.

71 — GREUZE (École de). Jeune Fille rêveuse.
Toile. Haut., 41 cent.; larg., 33 cent.

72 — INGRES (Attribué à). Portrait de M. Oscar S...
Toile. Haut., 65 cent.; larg., 54 cent.

73 — KAMPF (L.). Chasseur à pied. Dessin aquarellé.

74 — MAIGNIEN (1859). Zouave. Aquarelle.

75 — MIGNARD (Attribué à). Portrait de Femme, jouant de l'orgue.
Toile. Haut., 79 cent.; larg., 68 cent.

76 — MONNOYER (J.-B.). Fleurs.
Toile. Haut., 72 cent.; larg., 5o cent.

77 — MURANO. Personnages de la Comédie Italienne. Toile.
Haut., 1 m. 02 cent.; larg., 1 m. 74 cent.

78 — MURANO. Personnages de la Comédie Italienne. Toile.
Haut., 1 m. 02 cent.; larg., 1 m. 74 cent.

79 — MURILLO (D'après). Ravissement de sainte Thérèse.

Toile. Haut., 72 cent.; larg., 46 cent.

80 — NEER (Van der). Le Moulin aux bords d'un canal en Hollande. Effet de nuit.

Panneau. Haut., 48 cent.; larg., 76 cent.

81 — NETSCHER (Attribué à). Jeune femme et son chien.

Toile, Haut., 52 cent.; larg., 41 cent.

82 — OSTADE (École de Van). Buveurs et Fumeurs.

Panneau. Haut., 21 cent.; larg., 20 cent.

83 — REMBRANDT (D'après). Portrait de jeune, Femme. Elle tient de la main droite une petite glace, dans laquelle elle se mire.

Toile. Haut., 1 m. 30 cent.; larg., 71 cent.

84 — RUBENS (D'après). Le Festin de Cléopâtre. Toile.

Haut. 1 m. 44 cent.; larg., 2 m. 04 cent.

85 — RUBENS (École de). L'Abondance. Toile.

Haut., 1 m. 43 cent.; larg., 1 m. 04 cent.

86 — RUBENS (École de). Le Vin. Allégorie mythologique. Toile.

Haut., 1 m. 44 cent.; larg., 2 m. 04 cent.

87 — SALVATOR ROSA (Attribué à). Paysage
agreste. La mort de Rolland à Roncevaux.

Toile. Haut., 87 cent.; larg., 115 millim.

88 — TENIERS (D'après). Tentation de saint An-
toine.

Panneau. Haut., 33 cent., larg., 25 cent.

89 — TENIERS (École de). Les Joueurs de cartes.

Panneau. Haut., 25 cent.; larg., 20 cent.

90 — TENIERS (École de). L'Alchimiste.

Panneau. Haut., 38 cent.; larg., 29 cent.

91 — TENIERS (École de). Joueurs et Fumeurs.

Panneau. Haut., 29 cent.; larg., 42 cent.

92 — TENIERS (École de). Les Joueurs de dés.

Toile. Haut., 47 cent.; larg., 74 cent.

93 — TENIERS (École de). Scène d'intérieur.

Panneau. Haut., 50 cent.; larg., 66 cent.

94 — VALANTIN. Ribaudes et Soudards.

Cuivre. Haut., 50 cent.; larg., 40 cent.

95 — VERNET (Genre de J.). Marine.

Panneau. Haut., 26 cent.; larg., 43 cent.

96 — VERNET (Attribué à Joseph). Naufrage.
Signé à droite : *J. Vernet.*

> Toile. Haut., 67 cent.; larg., 93 cent.

97 — VOS (Attribué à Martin de). Portrait de
femme.

> Toile. Haut., 92 cent.; larg., 75 cent.

98 — WATTEAU (D'après). La Pavane. Cadre an-
cien en bois sculpté et doré.

> Panneau. Haut., 21 cent.; larg., 17 cent.

MINIATURES

99 — La reine Elisabeth d'Angleterre.
Miniature.

100 — Jeune femme coiffée d'un chapeau à la
Gainsborough.
Miniature.

101 — La reine Marie-Antoinette et ses enfants.
Miniature gouachée.

102 — ÉMAIL DE LIMOGES. Combat de cavaliers.
Signé : *S. C. B., Limoges.*